EDITORIAL
ESTADOS UNIDOS

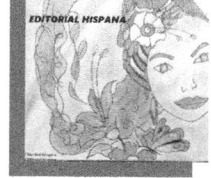

+ 1 571 5017325 Editorial Hispana Florida

Esta publicación es apoyada por: www.editorialhispana.com

ISBN-13: 979-8657309294

DEDICATORIA

Esta obra está dedicada a todos los escritores que nos han antecedido en este entramado mundo de las hojas, quienes a pesar de las circunstancias de vida, de salud; situación socio-política o económica siempre dieron la milla extra para deleitarnos con su lírica y llevarnos a interpretar la raíz de nuestra existencia a través de sus ojos en cada época que les tocó vivir.

Ahora el turno es para los escritores que han publicado sus obras en años recientes y para quienes lo hacen por primera vez. En esta Antología, todos los autores expresan su sentir y su pensar escribiendo una nueva historia y aportando al desarrollo de la literatura hispanoamericana apoyados de su pluma, del papel y de los nuevos recursos tecnológicos, puestos al servicio de la cultura y la educación.

Este libro es también dedicado a cada una de nuestros seres queridos, quienes de una u otra manera nos han impulsado para convertir este sueño en realidad.

Los Autores

AGRADECIMIENTOS

A Editorial Hispana por habernos patrocinado gran parte de la edición y publicación de esta importante obra.

A cada uno de nuestros familiares presentes y en la distancia, a nuestros amigos que han estado ahí apoyándonos para que este anhelo de publicar nuestras ideas se convierta en una realidad.

MORAIMA ALMEIDA E.
Venezuela

Nace en Yaritagua, Estado Yaracuy,
Venezuela el 25 de marzo de 1970
La última de los siete hijos de Pastora
Escalona de Almeida y Ciro de Jesús
Almeida.
Docente en educación integral con maestría en desarrollo
comunitario.
Madre de un bello varón de 10 años, Vicente Caldera Almeida.
Miembro de la Asociación de Escritores de Yaracuy
Miembro de la Asociación de Escritores de Yaritagua (ASOPEY)
Autora de
"Por los rincones de Yaracuy", 2002
Antología poética "La aurora del verso", 2016
Antología poética "Aves de papel surcan el cielo de todos los
tiempos", 2017
Antología poética Raíces de una misma tierra, Alicante, España,
2018
Periódico digital Imagen Cultural
Publicaciones en prensa local y estadal.

PASIÓN

Verte llegar hambriento de mí
extrapola mis sentidos,
cuando se encuentran nuestras miradas
entiendo sin palabras tus deseos;
Siento tus manos ansiosas
tocar mi cuerpo sediento.
Con tu boca ensoñadora
remueves las fibras de mi ser.
Se humedecen mis manos
que anhelan las tuyas
entrelazadas a mi cuello.
Manjar de amor;
tus divinos y fogosos besos,
ardientes del deseo.
Escalofríos suben por mi espalda,
recorriendo el roce y tus caricias.
Tú disfrutas la miel de mis pasiones
y la fragancia de mi piel,
que transpira al mismo ritmo
de tus locuras y tu sed.

JESÚS ÁLVAREZ PEDRAZA
Cuba

Calimete, Matanzas. Cuba, Julio 7 de 1952.
Residente en Miami, Estados Unidos.
Su obra se ha dado a conocer en diversas
antologías, nacionales e internacionales:
Cuba, Estados Unidos, España, México, Perú,
Chile, Argentina, entre otros.
Ha publicado los libros:
Yo Se Que La Piedra Sueña,
Bosque De Vidrio,
El Otro Bosque
Con La Caligrafía De Los Árboles.
Todos disponibles en Amazon.
Entre sus méritos más sobresalientes, se destacan los siguientes
premios:
Círculo de Colegno, en Italia.
Premio Instituto de Cultura Peruana.
Carta lírica, Estados Unidos.
Centro de estudios poéticos de España.
Múltiples premios en su país de origen, Cuba.
Pertenece a la antología mundial POETAS DEL SIGLO XXI.

NOS CANTABA LA SANGRE

Eran los tiempos del amor temprano,
nos cantaba la sangre entre los huesos
cuando subí desnudo por tus besos
un miércoles parido de verano.

Tuve un nido de ayer en ese piano.
Y para ver cruzar los aires presos
me desbordé en locura de embelesos
en los olores verdes de tu mano.

Hasta la noche que llegó el invierno
galopando en la luna de lo eterno
que hizo luz en la sombra de este cuarto,

donde a mis huellas le sembré caminos
cuando en las sordas voces de los vinos
se nos volvió el silencio otro lagarto.

ALFRED ASÍS
Chile

Cónsul de Isla Negra y Litoral de los poetas,
"Poetas del mundo"
Isla Negra, Chile
Embajador de la paz, "Círculo universal de
Embajadores de la paz" Francia-Suiza
Miembro de la Sociedad de Escritores de Chile
Miembro del Instituto de estudios Vallejianos de Trujillo-Perú
Embajador universal de la cultura, Tarija-Bolivia
Poeta instrumental cultural, Academia poética Brasileira
Visita Ilustre de la Ciudad imperial Incaica de El Cusco
Hijo adoptivo insigne de Santiago de Chuco, Capital de la poesía
peruana
Alfred Asís Ferrando. Caminando por las veredas de esta tierra se
adentra en los rincones más apartados para extraerle el más puro
sentimiento, desgarrar el pasado e investigar las ciencias adheridas
a los elementos que habitan, habitaron y habitarán estos suelos.
Entre algunos de sus múltiples libros publicados tenemos:
"Encuentro con Pablo Neruda"
"Fábrica de letras del alma"
"Cien cielos de Isla Negra"
"Poesía sensible y un cuento de gatos"

UNOS LABIOS

Unos labios saboreados,
los tuyos calientes y los míos templados
siéntelos, van subiendo por tu mejilla
se acercan a la comisura de tus labios
te saborean dulcemente
te atrapo entre los míos
mientras te subo en mis brazos
y me aprietas acaloradamente
siento tus curvas
tu piel traspira deseo
mis manos comienzan a recorrerte
atraigo tu cintura hacia mi
nos acostamos en la alfombra
mientras la chimenea arde como nosotros
la lluvia se escucha en el techo
y el lago cercano ruge con su oleaje
tu jadeo me excita
beso tu cuello
bajo a tus senos que palpitan junto a tu corazón
mis labios los besan
te abres la blusa
bajas tu falda
me tocas y suavemente
me llevas a la cama
las sábanas rojas nos encienden
penetro en ti y me susurras palabras a mi oído
mientras largo rato nos amamos
las caricias suben de tono…
Mientras largo rato nos amamos
el jadeo es más intenso
te escucho como gozas

y me haces gozar al máximo
me extraes con fuerza de mujer toda la miel
te endulzo entera y me endulzas
y llega lo esperado
acabamos juntos y nuestras bocas se juntan
mientras dejamos escapar gemidos llenos de deseos
Nos entregamos con pasión
y nos quedamos abrazados toda la noche
no sin antes detenernos en el sueño
y continuar con nuestros deseos
una y otra vez saciando nuestro apetito voraz
Ven y devórame, saciémonos…

ANDRÉS BAODOINO
Argentina

Nació y vive en Buenos Aires - Argentina
Autor de los Libros de Poesías:
"Rimas de amor y sueños del alma" 2013
"Renacer", libro digital 2015
"Sentimientos" 2017 (Traducido al portugués para Brasil por
Editora AM3 – 2018)
"Hay un tiempo para darse tiempo" - 2018
Sin editar novela: "Una espiral en el espejo" y Cuentos:
"Te cuento".
Integró múltiples antologías en Argentina, Italia, España, Chile,
Uruguay. Ha recibido múltiples reconocimientos y premios a nivel
nacional e internacional.

Tu cuerpo

Tu cuerpo,
no es solo una amapola roja
en un campo silvestre.
Tu cuerpo,
es un pétalo de mi pasión
que florece en el frenesí.

Tu cuerpo,
no es solo la sangre de la tierra,
en el fragor de sus entrañas.
Tu cuerpo,
es la erupción de mis venas
en el silencio de mi esencia.

Tu cuerpo,
no es solo fino cristal
ni vidrio transparente.
Tu cuerpo,
es el espejo de mi alma
donde me reflejo.

Tu cuerpo,
no es solo un libro cerrado
donde mi letra no entra.
Tu cuerpo,
es la página en blanco
que mis dedos tiñen en púrpura.

Déjame escribir,
nuestra frenética historia
en los poros de tu piel.
Déjame guardar,
las palabras de amor
que dice mi corazón.

TUS PIERNAS

Abre tus piernas a mis fantasías,
no las cierres amor que es bello,
me gusta cuando se vuelven brazos
tus muslos enredados en mi cuello.

Mi condenado pensar en tus pasos
ensueño que hace mi alma gemir,
caminar tus mágicas fronteras
y tus atardeceres descubrir.

Lobos aullando, mugidos de bestias,
como disimular que me excita,
ese penetrar al paraíso
cuando tus piernas son mi cita.

Caminos donde mi pasión anida
golondrinas migrando a tu nido,
tu piel manto verde de llanuras,
de primavera me llena tu colorido.

Frenesí y eterna pasión
volcán con lava en erupción,
labios que se pierden en tus selvas
para encontrar la raíz de tu placer.

SERGIO CHALÁ BARCO
Panamá

(Sir Anthony Chala's) Nace un 12 de agosto, en la Rep. de Panamá. Ha publicado varios de sus poemas en el formato de póster enmarcados. A partir de agosto de 2018, "Embajador Cultural de la Academia Nacional de poesía de México". Es además de poeta, escritor, cantautor, conferencista, y diseñador modelista: (Alta Costura). Escribe su primer poema en 1975, ya son más de 2,000.

¡QUISIERA!

¡Quisiera sumergirme
en ese espacio abierto
que a tu cuerpo decora,
y estallar con embeleso
en las húmedas bisagras
que tanto me apasionan!
¡Quisiera sentir tu abrigo,
sujetar tu silueta encantado
y explorarte sutil el regazo,
hasta ver y vivir con agrado
que tu cuerpo febril se agita
y me otorga su flujo mojado!
¡Y al mirar cómo te aquietas
y te pegas tranquila tan tierna
comprender que llegó tu meta,
porque toda te ves satisfecha
y tu cuerpo de mujer completa,
se refleja en palabras abiertas!
Sir Anthony Chala's

DOLORES CHANG
Cuba-USA

Nace en Santiago de Cuba. Cuba Universitaria. Licenciada en Cultura Física. Docente en la Especialidad de Educación Física. Jubilada.
Reside actualmente en Miami. Florida.
Amante de las Letras desde temprana edad. Autodidacta.
Miembro de la Editorial Hispana US desde 2018.
Ha participado en las Antologías Poéticas:
Te Amo
Cuba Poética
Mi Madre es una rosa
Mi Padre es un Clavel
Ha publicado su Poemario: "Pinceladas de Amor para el alma" con Editorial Hispana USA.
Escritor Oro.
Y representativo de la Generación Literaria de la Diáspora.

HUSMEO

Husmeo su silueta sobre mi piel cansada
recorriéndome toda con los latigazos de su cuerpo
Qué me encoge en la plenitud de lo insensato
en esa sensación de no ser
y no querer ser, si no es consigo

Me acojo a las caricias de su ímpetu
Qué se envuelve con la fiereza del ayer.
Le siento y como todo sentimiento
me aletargo en los placeres de su cuerpo
complacido en su nuevo Ser

Somos sencillamente ese todo aligerado
Antes, mucho más; hoy, torbellino calmado
Empecinada en romper lo aquietado del destino
Presta husmeo su boca en mi piel mojada
Y me acomodo a disfrutar de su piel: su vino.

ALIVIO

Entre las cuatro paredes de un cuerpo
estar, es sublime y hermoso
Pues logran cerrar los espacios
inquietos de los ojos
mientras otros se abren victoriosos
a una serie de gemidos -- nada silenciosos --
Qué como piedras, al principio, endurecidos
se mojarán de placer
Y, bendecido será, en cada ver
el alivio concebido.

JULIA CORTES PALMA
España

Madre-padre de 4 hijos. Abuela de 5 nietos.
Diplomada en matemáticas y ciencias de la
naturaleza. Especialista en educación
infantil y pedagogía terapéutica.
Investigadora educativa.
Actriz.
Siete libros publicados entre novela romántico- erótica, relatos,
poemarios, cuentos infantiles y novelas juveniles.
Delegada para Extremadura de la A.E.M.
 (Asociación de Escritores de Madrid)
Coordinadora del ciclo educación y cine de la fundación Lumière.
Publicaciones en prensa nacional e internacional.
Participante en numerosas antologías.
Conferenciante.

LA PETITE MORT

Leo en el brillo de tus ojos
lujuriosas intenciones,
lees en los míos
deseo
en todos mis rincones.
Me besas antes de besarme,
te acercas a mí
y todo
comienza a temblarme.
Avanzas decidido
quitándome las hojas,
las alas de tus manos
suben y bajan ansiosas.
Húmeda,
baja tu lengua,
camino de las cimas
de mis montes;
duros te reciben
mis dos botones marrones.
Mordisqueas, pellizcas,
acaricias con desenfreno;
sé que nada puedo ya hacer
solo entregarte mi cuerpo.
Despertaste mi voraz apetito,
se puso tacones la ternura;
penetras en todos mis sentidos,
voy camino a la locura.
En pos de la flor de mi secreto,
separas la corola
y buscas el pequeño filamento;
lo encuentras y pulsas

el bordón de mi instrumento.
El aire se tiñe de gemidos,
el mundo gira boquiabierto;
me siento una peonza,
el tiempo se detiene,
coriolis maravillosa.
Subes a mi ola
crepitando conmigo
en el fuego,
nos ensamblamos
no sé dónde termino yo
y donde empieza tu cuerpo.
Subimos, bajamos,
convulsiona mi ser entero.
Alguien apagó la luz;
me estallan en los ojos
todas las estrellas del firmamento.
Levito,
floto ingrávida
fuera del lecho,
¿sigo viva o he muerto?
pasan segundos, minutos...
no puedo saberlo.
Abro los ojos,
estás a mi lado sonriendo,
sonrío, y te beso.

ERUPCIÓN

Sin tus besos soy
arena sedienta,
desierto estéril,
fuente seca;
música sin notas,
lascivia sin deseo.
Llegas a mí
y la lluvia moja
mi ser por dentro;
se abre para ti
mi cráter ardiendo.
Rocío de plumas
sale de tus labios
y tus dedos;
caricias navegando por mi piel
en intrépidos veleros.
Te agitas como ola embravecida
mientras crece de pronto
unos centímetros tu cuerpo.
Impactas una y otra vez
hasta que erupciona tu volcán
 inundando de lava dulce
mi pozo de los deseos.

DESHACIÉNDOME

Virtuoso del arte de amarme
en algarabías y silencios,
tocas la cuerda exacta
que hace música mi cuerpo.

En el océano de nuestras sábanas
se hacen líquidos mis sueños;
me besas, me derramo;
se licuan mis adentros.

Como ola que se agita
en el mar de los deseos,
llego feliz a tu orilla,
a la playa de tu cuerpo.

Cielo azul encendido,
mar turquesa, travieso,
voy deshaciéndome despacio
con tus caricias y tus besos.

LÁZARA NANCY DÍAZ
Cuba

Residente de Miami, Estados Unidos.

Ha publicado los siguientes títulos:

Donde nace un poema nada debe morir,

Estados Unidos.

Mano a mano en versos, (coautora).

El Pajarito Cantor. Habana, Cuba.

Sueños de una Abuela. Estados Unidos

Archivo de sueños.

Ha obtenido múltiples premios internacionales en poesía: El mundo lleva alas. Editorial Voces de hoy, Estados Unidos. La palabra de mi voz. Publicaciones Entre Líneas, Estados Unidos. Certamen anual de literatura internacional LAIA. New York. Estados Unidos.

Premio Impronta, Ediciones Voces de hoy. Miami. Estados Unidos. Su poesía aparece en revistas dentro y fuera de su país de residencia.

También podemos encontrar sus poemas en más de 20 antologías de diferentes países como: Chile, España, Argentina y Estados Unidos.

TANGO DE LA NOCHE

Bajo el farol de la esquina,
entrelazados los cuerpos,
un tango lloraba notas
que embrujaban el silencio.

El paso doble dibuja
en el suelo la barrida,
armonía en bandoneones
al compás de las pupilas.

Él la toma por el talle,
la oscuridad se mecía,
ella rodeaba su cuerpo
con la mirada encendida,
la noche advierte en el juego
que está sudando la vida.

Las caderas van girando
bajo el farol de la esquina,
entre las piernas, danzando,
queda abierto su vestido,
hombre y mujer bailando
en un eje compartido.

Se apaga la luz del faro,
el tango no se ha dormido,
violín, bandoneón y piano
quedan bailando conmigo.

MARY ESPINOSA PEÑA
(Marypoetisa)

Periodista, poetisa, cuentista y escritora cubana, residente en Estados Unidos de Norteamérica. Locutora y realizadora radial multipremiada en eventos nacionales e internacionales, Preside la Sección de Arte y Literatura del Círculo de Artistas e Intelectuales de Hispanoamérica y EEUU.

Ha publicado varios poemarios, entre ellos: Arco Iris Sin Prisa (Las Tunas, Cuba: Editorial Sanlope, 1994); Un Sinsonte Cantarín (Miami, FL, USA, 2013); Te Adoro: Sonetos de amor (Miami, FL, USA: Alexandria Library, 2013).

Como una de las principales voces de la poesía infantil fue incluida en la antología: Recado para Jonás (La Habana, Cuba: Editorial Gente Nueva, 2016). Ha publicado el libro: Mal Pensados: Cuentos Colora'os (Miami, FL, USA; Alexandria Library, 2016). Recientemente vio la luz el libro infantil Cucurrucucú pluma dorada (Miami, FL, EEUU; Editorial La Pereza, 2017).

También su quehacer literario aparece en la Antología en homenaje a la Poeta Uruguaya, Alma del Campo, como una de las Actuales Voces de la Poesía Hispanoamericana. Como una de las principales voces de la poesía erótica femenina está contemplada en la Antología digital "Punto G", del poeta y productor Ernesto Rodríguez Del Valle, incluida en la antología Los Mejores 100 Escritores de Iberoamérica y el Caribe, Editorial Hispana USA, 1918-1919; 1919-2020.

Sus poemas y escritos se encuentran dispersos en diversos foros, sitios y grupos de la red, y en la revista literaria Auria editada en España.

CIELO

Si entre sus brazos estoy
y en sus ojazos me miro,
mi alma se vuelve suspiro
que escapa y tras ella voy.
El futuro solo es hoy
(vestido con nuestro ardor)
mares, ríos del licor
que diseminan semillas
de angelitos; campanillas...
"en el cielo del amor"

DESPUÉS

Cuando amanece
y ya no huelo a mujer,
mis piernas obedecen
desde su aliento.

A esa hora,
descubro sus lirios
colgados
en las paredes de mi alma.

Después,
se tornan las sombras,
nuevamente,
en cantos de luz.

YAMILA FERRÁ
Cuba

Yamila Tomasa Ferrá Gómez: nacida en Camagüey, Cuba, 1967. Graduada en Pedagogía en 1990. Máster en Ciencias de la Educación en el 2008. Integrante del taller literario Javier Heroud con premios en Concursos de Talleres Literarios municipales y Provinciales. Su obra poética se ha publicado en la revista Videncia de Ciego de Ávila. Ha participado en concursos internacionales de poesía obteniendo primer lugar en Sade Chaco, Argentina y premio en el II Congreso Internacional de poesía por La Paz y la Libertad. Ha publicado en Ediciones Ávila, Ciego de Ávila, Cuba. Miembro de la Unión Nacional de Historiadores de Cuba, de la Sociedad Cultural "José Martí" y de la Fundación Nacional "Nicolás Guillén".

CANCIÓN ANTIGUA

Llevo tantas lunas esperando la señal de tus ojos
la vuelta
un signo de esperanza
los senos
la sorpresa de la lengua agazapada
detrás de la cornisa
Que difícil este país adonde marcho para olvidarte
sin caminos
nubes
peces
no hay color en la cerveza
dibujo en la mesa tu silueta desnuda
se deshace en la espuma
me duelen los dedos de llamarte
me duele el deseo
calor en la vulva dispuesta
a tus labios.
Estoy tan triste como los dioses
que nos envían el invierno y los truenos
los dioses del silencio
exigen mi cuerpo
para alejar el pecado de los hombres
solo pienso en ti
quiero arrancarte de mi alma
pegarme a tu espalda
doblarte en la fría madrugada.

AUDACIA

Si yo pudiera cerrar esa puerta desnudarme
aspirar las ojeras
o el miedo a la muerte
sin que me duela tu olvido
detener el deseo en las uñas
que clavaron tu sonrisa un viernes
cuando el vino era abundante
te mordí la lengua hasta saciarme
mostrándote el filo de las alas
tuve que esconder los gritos debajo de la almohada
para que no se despertaran los vecinos.
No he podido encontrarte
tampoco sé nada de las manos que rompieron el espejo
me llenaron de esta locura donde aún beso tu piel.

MERCEDES FRACUELLI
Uruguay

María de las Mercedes Fracuelli Silva
Soriano,Uruguay, poetisa
reconocida en su ciudad MERCEDES --
Comienza a escribir en el año 2013. Desde el
año 2014 hasta el año 2017 comparte Antologías en
Argentina. Año 2016 Grupo Cultural Charrúa le otorga
reconocimiento a la labor Cultural como vinculo para la PAZ.
Año 2016/2017/2018 Premio Internacinonal "Destaque Victoria"
Año 2017/2018/2019Premio Estrella del Sur.
Año 2017-- 1er Encuentro Internacional De Cultura Rumiñahui
Ecuador /Uruguay
Año 2018 Antología virtual Colombia Uruguaya. Comparte
Antologías en Chile Isla Negra con Alfred Asis y Poetas del
Mundo, viajando a Perú al encuentro de las distintas religiones del
mundo pidiendo por la PAZ del mundo y la felicidad de la
humanidad, presentando Antología de los mil poetas del mundo.
Año 2018 Premio Cóndor Mendocino . Año 2018/2019 Premio
solidario en San Rafael -- Mendoza.
Año 2018 le entregan en su ciudad Mercedes -- diploma "Por la
causa de Soriano " por su aporte literario internacionalmente,
dejando en alto a su ciudad.
Programando libro propio, para este 2020.

¡AMOR MÍO!

Eres parte de mi...

Te acomodo en mi hombro

te acaricio con mi mentón

mis manos te ejecutan con precisión.

Por eso amor me entrego a ti...

   Que tus manos escriban

en las cuerdas de mis pechos,

arrancando melodías perfumadas

de los pétalos de mi cuerpo.

Tu lengua, soberana en mis labios

despierte mis fantasías...

   Donde nos gozamos

para penetrar en ese silencio

donde se congregan nuestras almas.

Llegando a la cúspide del deseo

de mi cuerpo; entre tus dedos de sombra

   llenos de luz estrellada

para dejarme en lunas de plata

   el universo colgado

en la ánfora de mi vientre.

ALICIA HERRERA CÁCERES
Argentina

Nacida el 15 de Febrero de 1960 en Córdoba, Argentina.
Mamá de 7 hijos. Reside en Las Heras, Mendoza – Argentina.
Trabajó en docencia y administración.
Miembro de Sociedad Argentina de Escritores (SADE) filial Mendoza. Participa en Revistas Literarias y Culturales Seleccionada en 7 Antologías, concurre a Colectivo Cultural y Cafés Literarios.
Recibió reconocimientos por su labor literaria.

ALEGORIA DEL DESEO

Déjame hacer lo que quiero
Hasta fundirme a tu cuerpo.
Beber sin medidas ni tiempo
la última gota de tu aliento.
Vuélvete mí esclavo y dueño.
Sé mí manantial de besos
Y así, una y otra vez volver
Al paroxismo de arder
Juntos en el mismo fuego.

AMANTES

Sentirte así de manera loca,
añorar los besos de tu boca.
El ardiente sabor de tu cuerpo
que de mi ser se volvía dueño
marcando sin temor de pecado
el fuego en las entrañas pegado
que en loco placer entregado
grababa con el sudor marcado
ese amor en pasión engendrado.
Un torrente de lava corriendo
por las venas se iba sintiendo
así entregados a la pasión
fundimos la piel en colisión
entre jadeos y gritos ahogados
fuimos universos entregados
Era el eterno juego de amantes
robando a sus vidas instantes.
Momentos eternos... fugaces
en la mágica danza de seres
que en sus cuerpos ...

        ....nacen y mueren.

FELIPE DE JESÚS
LEGORRETA LEVY
México

Nació en CDMEX, desde muy joven se aficionó a la poesía clásica, ha escrito los poemarios: Caricias de Viento, Ángel o Mujer mi Compañera, Ensayos de Poesía Clásica 1,2,3,4. Humanidad infierno o Paraíso y 315 sonetos de Felipe de Jesús. Ha participado en antologías de México, España, Italia, India. Es Moderador del foro literario Mundo. Poesía. (Experimentación poética).

UN BESO POR LA NOCHE

(cuartetos serventesios)

Un beso de mi amor tan diferente
lo deposito suave hoy en tu boca
no lo doy como a todas en la frente,
este es de la pasión que me desboca.

Es para ti mi dueña mi tesoro,
para que duermas junto a él sonriente,
te da todos mis sueños sin decoro
y el deseo por ti que es siempre ardiente,

te doy en mil caricias en tus labios,
sentirás nuestro fuego tan creciente,
lo tendrás junto a ti ya sin resabios,
haciéndote el amor todo ferviente,

llevándote con locas fantasías,
al mundo de este amor tan elocuente,
que besándote vida, te extasías,
perdiendo la cordura cual demente

y vendrás a jugar con mis antojos,
teniendo tu deseo que insistente,
te deja mis caricias sin enojos,
recorriendo tu cuerpo plenamente.

RICARDO MARTIN LEMES
España

Natural de la isla Canaria de Lanzarote, reside en la isla de la Palma en el municipio de la Villa de Mazo, tuvo una bonita infancia donde lo más importante era la familia. Desde que era niño los libros le han acompañado.

Desde pequeño gran amante de la naturaleza, la cual hizo que su profesión fuese orientada a la jardinería, el paisajismo y la eco agricultura.

Impartió clases de jardinería y paisajismo para desempleados, así como cursos de eco agricultura en centros escolares y formación del profesorado en agricultura ecológica.

En la actualidad se dedica exclusivamente a susurrarle a las letras.

Editorial Hispana Usa reconoce su trabajo publicando su obra en la Antología Poética: Romance de Luna.

HUELLAS DE MARIPOSAS

Me llaman luz viajera por mis errantes huellas,
por mis pasos que nunca giran,
por mi seguridad al mirar la vida,
libre solo soy cuando mis desnudos pies dejan huellas en la orilla,
o cuando ruedo y ruedo como bola de sal entre la arena mojada y
tú cuerpo desnudo,
como gráciles corazones de algodón que se aman libres,
bella mujer lasciva y madura,
y es que me pierdo en los lugares donde duermen tus tesoros,
como las olas en la mar de tu boca me apretujo hasta derretirme
por la escollera de tus senos,
ojos mansos,
ojos traviesos,
Mi bella estrella enamorada,
más en tu boca enhebro los recuerdos,
y en la claridad difusa,
Mis manos de sal se posan tanteando todo aquello que nació de un
trocito de aire,
y ya encendida la luz,
te devuelvo a la vida plantando mariposas en tu amada boca,
mariposas que terminan danzando de tu vientre a tu fuego,
de tu fuego a tu boca,
de tu boca a mi boca,
mientras se escapan gemidos,
gemidos que el pincel de mis latidos arropa entre mi boca,
boca que de tu boca se llena de mil mariposas...
me llaman luz viajera,
porque dejo huellas de mariposas.

SHEINA LEONI
Uruguay

Mi nombre es Sheina Leoni y soy docente, escritora y activista LGBT en Uruguay. Comencé a escribir relatos breves y poesías desde niña, incluso escribía canciones que interpretaba con mi profesor de guitarra. Pero ya en la edad adulta fue que me dediqué con más fuerza a esta actividad, y así hace unos años, quedé seleccionada con una breve poesía sobre las bellezas de mi país en un concurso a nivel nacional. Tuve que leer mi trabajo en la radio y la producción me invitó a que siguiera haciéndolo. Decidí hacerles caso, y hoy llevo más de cuarenta premios en poesía y varios destaques en novela.

Durante toda mi vida he leído novelas de amor, siendo mi escritora preferida Danielle Steel, pero leo muchísimos autores, porque creo que todos tienen algo que aportar a mi existencia y creatividad literaria.

SUSURROS EN LA ALMOHADA

Susurros en la almohada,
escoltando a tus besos,
silenciosas palabras,
un cóctel bajo el cielo,
caricias encontradas
van escribiendo versos,
libres sobre la cama,
vistiendo sentimientos...
Luna de porcelana,
pintando su reflejo,
una pasión de plata,
convertida en deseo;
revestida de magia,
ardiente entre tus dedos,
que retozan sin pausa,
jugando en nuestros cuerpos,
añoran remembranzas,
en un mundo de sueños,
describen tu mirada,
presa en mis cabellos,
renace la esperanza,
vestida de secretos,
cuando la noche clara,
comparte su misterio,
espera a nuestras almas,
en cálido silencio,
dormidas en la almohada,
hasta amarnos de nuevo.

ERNESTINA LEYVA
México

Autora, compositora y poeta. Embajadora cultural de La Academia de Literatura Latinoamérica, sede San Luis
Potosí, México. Autora de tres obras motivacionales:
Si se puede ser EXTRAORDINARIO
Celebremos de la vida y seamos una BENDICIÓN para los demás
Mis siete globos de colores y YO
(edición especial para niños)
Así mismo, autora del poemario:
Enamórate, otoño de amor
Publicada en por lo menos 10 antologías poéticas nacionales e internacionales. Ha participado en importantes foros poéticos literarios internacionales; también en distritos escolares, dentro de las actividades del día de las carreras.
Ernestina siempre busca dejar un mensaje positivo.
Por siempre, con la fuerza del alma y las palabras.

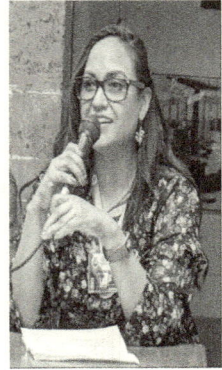

... A LAS CINCO DE LA TARDE

En el largor de la senda
recorrida
se avallan las ilusiones afables,
cuando a las cinco de la tarde,
dimana la realidad comprendida.

Cuando se descifran misterios,
se escriben poemas constantes,
que enamora la coyuntura del arte
y en lo íntimo se vuelven excelsos.

Que suspire el sonido de los mares;
la alabanza es pura y acrisola…
que él me acaricie bajo la aurora
también a las cinco de la tarde.

Los suspiros en su génesis arden,
de ahí florecen las intenciones,
que llueven como canciones,
a las cinco, a las cinco de la tarde.

¡Oh salve aliento constante!,
magnificencia camino al cielo,
deshojando con sus anhelos,
en lo fantástico de las tardes.

En las fronteras de los labios,
se hilan versos y decoraciones,
donde florecen magnos fulgores,
como luminiscencia de sabios.

El génesis inhala y exhala flores,
la materia se haya tembleque,
cuando ya el interior presiente
de las cinco de la tarde olores.

Que tu santidad no se asombre,
de este sol travieso acrisolado,
que en tus labios dormirá callado,
en sus majos campos de flores.

El reloj ha ofrendado las llaves,
el tiempo brilla en su perfección,
los ángeles llegan a su mansión…
a las cinco, a las cinco de la tarde.

ODALYS LEYVA ROSABAL
Cuba

Máster en Ciencias. Miembro de la Unión nacional de escritores y artistas de Cuba. Presidenta del grupo internacional «Décima al filo». Ha publicado una veintena de libros y cuadernos en Cuba, México, España y Estados Unidos. Ha participado en eventos literarios donde ha realizado conferencias, recitales poéticos y presentaciones de libros. Realiza el evento Décima al Filo donde reúne poetas de toda Cuba y promueve la poesía de escritores de Hispanoamérica.

LLUVIA EMANCIPADA

Amor mío de sangre fugitiva
ven, y llama mis astros, buen amante,
que mi instinto se vuelve palpitante
y el amor una fuerza sensitiva.

Hoy las rocas me nombran llama viva
cuanto toco su esencia de diamante
y todo mi placer queda distante
de la intemperie adusta y abrasiva.

Ante ti soy la fuerza, la alborada,
dices que soy tu diosa hacia lo eterno
que desemboco en una llamarada.

Hoy nazco de la lluvia emancipada,
sólo brindo mis nubes, ángel tierno,
a desbordarse en ti como cascada.

SONATA FIEL CON VIOLONCHELO

Marchemos al sur de la costumbre
talismán y estrellas en la piel.
Voy aprehender la lluvia
con el alma dilatando herbajes
duermo entre pájaros
y soy roca,
canal, preñez de la vida
y olor a especias orientales.
Ardiéndome donde disipo los días,
mi suerte con jirones.
Hazme la caricia,
suelta mis pájaros
que coman frutos,
en tu voz el orbe es como un grillo,
bríndame la manzana,
Adán y Eva fabrican otros ríos,
suerte de andar por esta tierra.

Levedad de hombres,
envuelven olivos en fronda de poemas.
Una melodía me complace
(lo que el viento se llevó)
mis racimos van en otra latitud, a la nieve
 y corro por la suerte de los días.

ERNESTINA DEL CARMEN LUMBI HERNÁNDEZ

(Ernestina Lumher)

Nicaragua

Nací en Jinotega Nicaragua. He escrito cuentos cortos, historietas, narraciones, ensayos, relatos, poesías, anécdotas. Los que he compartido con mis amigos, al publicar en redes sociales; miré eran bien aceptadas y que gustaban, eso me animó a seguir escribiendo y publicando. He participado en treinta antologías con poetas de todo el mundo, con fines altruistas. He publicado en muchos grupos literarios, entre ellos soy académica de ALIPE ACADEMIA INTERNACIONAL DE POETAS Y ESCRITORES, donde me han invitado a ser parte de ella. Soy miembro de Arte poética latinoamericano, miembro de POETAS EN ÓRBITA Nicaragua. Miembro de CCI UTOPIA POETICA UNIVERSAL, LOS POETAS MAS GRANDES DEL MUNDO desde su fundación. He escrito dos libros de poesías los que comparto en plataformas digitales de forma gratuita para quienes quieran leer. Dos novelas cortas sin publicar, Muchos escritos que comparto en mi página oficial. SUEÑOS DE UNA ROSA RIOJA. He participado en muchos eventos literarios a nivel mundial de los cuales he ganado 5 primeros lugares. siete segundos y muchos terceros lugares.

MIS SUEÑOS ERÓTICOS Y EL AMOR

Respiración agitada, los dos excitados.
Cuerpos unidos en uno solo, extasiados.
Nos estremecemos hasta enrojecernos.
Mi cuerpo, lugar especial para tus manos.
Tus zonas erógenas, guía erótica para mí.
Hurgadas con amor, con todo el frenesí.
Éxtasis que nos aborda placenteramente,
no hay límites todo fluye, excitadamente.
Luego nos amamos con almas ilusionadas.
Sobre el lecho cálido, rostros humedecidos
flor abierta y musgo erecto bien unidos.
Sin juico, con grandes juegos únicos.
Haciendo reales los sueños eróticos.
Surcando con lindos trazos el cuerpo.
Cariñoso te refugiasteis en mi acuerpo.
Con caricias lindas rozaste mi desnudez,
fuego, pasión al rozar con tu esbeltez.
Bellas son mis fantasías al sentirte.
Cuando mi alma es feliz, al tenerte.
Dichoso mi espíritu con mucha suerte,
virtuosa caricia gozosa hasta la muerte.
Mis brazos, piernas, enlazando tu piel.
Locura candente navegando entre miel.
Mojando mis intimidades hasta la frente.
Sobando mis pies y mi cintura, candente.
Extraño tu sensualidad en mi espacio.
Los espejos de tus ojos color topacio.
Te siento en cada frescor del amanecer.
Besas mi alma, me haces vivir y crecer.
Como crece el sentimiento y endeblez.
Me atas a ti, te siento con lascivia y altivez.

ROSA MIRANDA
México

Nacida en Caborca Sonora.
Desde niña tuvo una gran pasión por la lectura y las letras.
Al llegar a vivir a USA empezó a publicar sus letras en los diferentes grupos de poesía a los que pertenece.
A la fecha tiene publicados 3 libros de poemas donde plasma sus sentimientos de manera sencilla.
Ha participado en varias Antologías a nivel mundial lo que le ha permitido conocer personas con los mismos gustos y cultivar amistades.
Ha participado en algunos encuentros poéticos. y su sueño es publicar su segundo libro en inglés.
Esta es Rosa Miranda una mujer enamorada de Dios, de su familia y de las letras.
Plenamente orgullosa de mis raíces,
de mis costumbres, de mi gente,
de su historia escrita con fuego...
orgullo de ser de Caborca, Sonora.

GRITO DE MUJER

Sosiega el fuego que calcina mi cuerpo
al admirar tus labios con deseos..
desnúdame a besos, te suplico,
serena de mi piel callado grito.

Un grito de mujer enamorada
que ama a su hombre por entero,
y ansía ardientemente con anhelos...
ser complacida con el sabor de tus besos!

Recorre sin afán y sin apuro
cada rincón que hoy se exhibe por completo
a mi hombre gallardo y varonil...
marcándolo con caricias y con besos!

Mi piel ardiente reconoce
el sabor y aroma de tus labios
y espera gozosa cada instante
el placer sublime entre tus brazos!

Desnúdame a besos completamente
acalla estas ansias en desenfreno
tan solo al admirar tus bellos labios...
escucha el grito de mi ser desesperado...

...pidiendo por tus besos!

TE AMO...

Te amo...
 en las noches frías
cuando tus brazos me cobijan
y me llenan de caricias!
Te amo...
sobre mis sábanas blancas
que de rubor se cubren
cuando miran como me amas!

Te amo...
cuando estamos a oscuras
y, solo siento tus manos
inventando mil locuras!
que me elevan al éxtasis...
me hacen viajar...
 regresar e ir
en tu cuerpo varonil!

Te amo...cuando muerdes
 cada espacio de mi ávida figura
y provocas que me estremezca
con tu cálida ternura!
Te amo...cuando te adentras en Mi...
gozándote en mi interior,
cuando de placer y pasión...
explotamos Tu y Yo!

Te amo...mi amante apasionado,
Mi Quijote enamorado...
de pasión, fuego y deseos
mi cuerpo, Tu...has colmado!

En fin...
Te amo...todo a Ti!
que siempre estás en mis noches
con tus manos en mi piel...

Sobre mis sábanas blancas,
y con tu aroma de hombre...
diciéndome...
que me amas!

EXIGENCIAS

Voy a tu encuentro en silencio,
y, en silencio te abrazo,
me aferro a tu piel ardiente
y vivo...todo es perfecto!
Me encuentro entre tus brazos...
el mundo se ha detenido,
solo existe este deseo,
y de besos...mil chasquidos!
Mi cuerpo entero reclama,
mi piel te está exigiendo,
esta sedienta de ti...
de tu cuerpo, de tus besos!
Es mi piel la que te ansia,
quien te busca, quien te sueña,
quien desea ser tu esclava...
también tu ardiente dueña!
Te amo despacio, y poco a poquito
va bullendo en mi interior
el fuego que me despierta,
estar a tu lado amor!
Delicioso es este amor...
exquisita la pasión,
que has otorgado a mi cuerpo,
quisiera hacer eterno este bello momento!
Cuando deslizas tus manos
por todo mi cuerpo ansioso
que te reclama con ansia...
perderse en ardiente gozo!
Finalmente...complacida
entre tus brazos...reposo;
para intentar de nuevo
sumergirme en el deseo...
Que adivino en tus ojos!

BELKY MONTILLA
Venezuela

Belky Montilla Escalona, nativa de Yaritagua, Venezuela, es profesora de Educación Integral y licenciada en Comunicación Social, además es graduada como Doctora en Patrimonio Cultural.

En la actualidad, ejerce como Cronista Oficial del municipio Peña, Yaritagua, estado Yaracuy por lo que cumple su labor escribiendo obras de Historia de su localidad, dramaturgia y variados poemas que hablan del amor, de su ciudad y sus vivencias. Así como también videos y micros radiales donde se difunden temas para afianzar la yaritagüeñidad.

AMOR MEZQUINO

Bendigo las migajas que me diste
porque ellas dejaron en mí ser
un sabor a miel
y un recuerdo hermoso
forjado en mi alma
más grande de lo que tú crees.
Tu voz quedó grabada en mi oído
y aunque haya mucho ruido
me susurra que me amas.
Tus besos, llenos de pasión y de lujuria
quedaron tatuados en mis labios
que a cada instante se posan
y estremecen todo mí ser
que hacen que mi sangre fluya
y mi corazón se acelere
Como vehículo en bajada pronunciada
que aunque no lo empujen
sigue su curso.
Con solo cerrar mis ojos
tus manos recorren mi cuerpo
cada vez que el aire choca contra mi piel
abriendo mis poros, cual cincel
trayendo a mis labios una sonrisa
que ni Miguel Ángel
puede plasmar en sus lienzos.
No puedes negar tu amor
porque él quedó conmigo
guardado en mi corazón.

LA FLOR Y EL LUCERO

Como capullo en flor
me fui abriendo ante ti
sin saber si eras pobre o eras rico,
si eras negro o eras blanco,
nada importó sino el momento
y la alegría de un amor soñador y loco
con poco que ofrecer,
pero, si con mucho miedo
y sin tapujos me dejé querer.
Tu pasión arrolladora derribó
como paredes de papel
todo el pudor y recato
que por mucho tiempo fue mi norte
y en mi estómago se instalaron mariposas
que vuelan por medio de mi sangre
hasta llegar a mi corazón
que palpita como el titilar de un lucero
que lejano se proyecta,
a través de la oscuridad de la noche
y es guía de los trashumantes.

SIGUES VIVO EN MÍ

Llegaste a mi vida cual cosquillita
que se siente intermitente en mis entrañas
y me amoldé a ti
como si siempre te hubiese esperado.
Tus dulces besos y apasionados
quedaron tatuados en mis labios.
Tu voz se quedó grabada en mis oídos
al igual que tus caricias
que abrieron mis sentidos
y se resbalan por mi piel
encontrando lugares recónditos
que nadie había hollado palpar
y aunque no me enseñaste como olvidarte
el tiempo me ayudó a disipar
las mariposas y relámpagos
que se apoderaron de mi cuerpo y de mi alma,
los cuales aún me estremecen
aunque yo no quiera y aunque me rebele,
pues con tan solo una nota musical oída a lo lejos,
mi mente y mis pensamientos son tuyos y de nadie más.
si bien, ya ni te acuerdas de mí,
de mi entrega total,
de aquellas cosquillitas que decías sentir
cuando me amabas,
de esa energía impalpable,
pero sentida como electricidad
que te impulsaba a quererme y
a querer más y más de mi,
por lo que no había distancia,
ni obstáculo para encontrarme:
Yo también sigo viva en ti.

VIDELMO NÚÑEZ TARRILLO
Perú

Profesor, poeta, narrador y antólogo peruano nacido en Chota el 3 de diciembre de 1 968.

Autor de varios libros y ha sido considerado en varias antologías regionales y nacionales: "Chota, Antología poética" (Centro Chotano de Lima, 1 990), "Poetas jóvenes Norperuanos" (Chiclayo, 1 995), "Las Voces bajaron al Valle"(Casa Nacional del Poeta, Lima 2 008), "Arquitectos del Alba"(Lima, 2009), "Lluvia de palabras en el Ande", Cajamarca 2 010, Ontolírica del Viento" (Lima, 2011), "Las voces encantadas" (Lima, 2016), edición internacional de la Casa del Poeta Peruano.

Ha sido Director del Instituto Nacional de Cultura Filial Chota; actualmente es presidente de la Unión de Poetas y Escritores Chotanos y Representante de la Casa Nacional del Poeta en esta ciudad.

Gestor y Fundador de la Biblioteca Municipal de Autores Chotanos "Estuardo Villanueva Díaz", Chota.

Bachiller en la Universidad Nacional de Cajamarca, Especialización en Gestión y calidad educativa en la Universidad Nacional de San Marcos, diplomado en Evaluación de Desempeño docente en la Universidad Nacional "Enrique Guzmán y Valle – La Cantuta.

MAGNOLIA

Hay en tus pupilas mil constelaciones
que a las mudas noches traen ansias locas,
liras de tu alma con que me provocas:
 llantos o risas o viles canciones.

¡Cómo no comprender tus ilusiones!
 magnolias blancas que agrietan las rocas;
 su sombra que cobija y sofocas
con el néctar que exhalan tus pasiones.

No habrá quien ya llore lágrimas mustias
ni ver los jazmines al sol lucir;
jardines que aúllan mieles de angustias,

cual prolijo llanto al verme partir.
tu boca me mira en noches augustas
tus ojos me hablan queriendo morir!

YUDELXIS ORTEGA
Cuba

Nació en la Cuidad de Camagüey, Cuba el 21 de Enero de 1974.
De profesión Contadora.
Creció en el seno familiar de sus abuelos, a ellos agradece esa inclinación por la poesía, desde muy joven escribía, leía a Miguel Hernández y Carilda Oliver Labra, a raíz del encierro por la pandemia del covid, decide publicar sus letras.

QUE NADA QUEDE DE MI CUANDO TE VAYAS

Anclada a los tintos caudales de la noche acampas insolente en mis
campos de batalla,
mientras te espero en mi trinchera,
cuando toca la lucha y mis labios suicidas te llaman.

Quiero que seas mi enemigo y me sorprendas,
y temerario ante mis dudas me hagas hembra entre tus dedos,
descubriendo la sabía de mis entrañas
que conducen al deseo.

Todo se transforma en magia tras la lucha
cuando escuchas mis gemidos desmedidos
al tatuar tu cuello adolorido
con mis dientes que escriben la derrota.

Rompes las tormentas de mi tierra,
haces de mi lecho un escenario
al encenderse mis senos
con el candente rocío de tus labios.

Nos devoramos avasallando la aurora
al ritmo de mi danza y mi voz que te provoca,
con las últimas notas de mis gemidos
al entregarme al festín de tus sentidos.

Que nada quede de mi cuando te vayas...
¡Y se halla deshecho el mar bajo mis ropas!

DE SAL Y ARENA

Han volado a buscarte mis gemidos,
a acariciarte el oído con mis verdades abiertas,
has sentido mi grito en tu locura
cuando mi voz se hace playa al estallar la marea.

Han viajado tus manos inquietas buscando querellas,
cuando la duda ofende y se revela,
al buscarme tus pecados,
tus promesas, tu demencia;
con los miedos suficientes, los deseos pendientes,
con la cálida humedad de tu verdad ardiente.

Vetas mi razón y me partes en tu universo,
mientras la noche nos deja náufragos y peregrinos,
sin recorrido ni derroche,
sin reproches ni destinos,
para herirnos de instantes
sin caminos conocidos.

Vestida de tu entraña, unida a tus sentidos,
te he querido tanto como mi boca a pedido,
con el hambre entre las manos, con el ansia de los goces,
con el placer de ganarnos y las batallas que perdimos.

Quiero sentirme extinta y replicarme en cada huella,
y en la arena desolada llevarte a las olas de mi cama,
y vuelvas a recogerme moribunda,
desnuda y enamorada.

Te vuelves brisa en mi rivera...
en mi boca de sal
y mi piel de arena.

EMELINA ISABEL PÉREZ
Colombia

Emelina Isabel Pérez Flórez, nace en San Pedro Sucre, el 5 de mayo de 1972.
Primera hija del matrimonio de Eusebio Pérez y Miriam Flores.
La mayor entre siete hermanos: Candelaria, Josefina, Dairo, Jorge, Patricia y Yasmina.

Su trayectoria artística empieza desde sus 30 años de edad, dándose a conocer en el mundo literario con una obra poética titulada:

"Azul Ausente" publicada el 13 de diciembre de 2008 en la biblioteca municipal Pepe Mendoza Cruz.

Es invitada de honor a eventos literarios del municipio ha logrado figurar entre los escritores más importantes del municipio.

Emelina es sencilla y espontánea, es cronista de su propia vida, valora y admira todo lo creado por Dios; siente un amor por las cosas valiosas de este mundo quiere a sus gente y a su tierra, destacándose como un personaje del museo de arte de Sincelejo Sucre.

Después de un tiempo prudente nos trae una producción renovada como lo es "Horizontes de Luz" o segunda floración. Obra cargada de mucha fuerza y creatividad en cuyos poemas refleja el sentimiento lirico de la mujer que lucha por sus ideales y lograr lo anhelado.

RENACER

Vuelvo a renacer...
En éste nuevo amanecer...
En tú mente quiero permanecer...
En un mundo lleno de placer...
Tenerte cerca en un anochecer.

PIEL A PIEL

Mientras descansabas...
Mis suaves manos acarician tus mejillas...
Dándote besitos tiernos acariciaba tu barbilla...
Olía tu fragancia viva
Tu piel sentía mi aliento...
Sintiendo tu palpitar en tu pecho despierto...
Mientras tocaba tu piel velluda
te erizabas y tu cuerpo me elevaba...
Como una pluma al viento...
Recibiendo tu aliento en tu Sueño despierto...
En tu piel fresca deslizaba mi mano con alegría...
Acariciando tiernamente sonreías....
Desnuda tu piel fresca dormía...
Mientras tocaba poco a poco...
Se encendía.

ERNESTO R. DEL VALLE
Cuba

Docente, narrador y poeta. Gestor cultural a través de su revista literaria en formato virtual, Guatiní.

Su obra se haya dispersa en varios foros y revistas de la Internet. Aparece en varias antología internacionales las más importante Poesía cósmica cubana Tomo II (México 2002. Y en la poesía universal Siglo XXI (España) de Fernando Savido. Recientemente la Editorial Hispana US de EUA lo incluyó en su antología Eclipse II y Cuba poética, 2018.

Ha publicado Miércoles de cenizas (relatos) Editorial Voces de Hoy [Miami 2012] y tres poemarios por la editorial Glorieta en Miami.

La editorial Hispana publicó recientemente Rondas del Carrusel, poesía infantil y la saga de cuentos infantiles Duendería y la antología Punto "G", como antologador. Además de en Cuba, España y Argentina, sus poemas han sido publicados en Australia. Italia, Hungría y recientemente en la revista Ila de Alemania. Traducido al gallego, italiano, portugués, inglés, húngaro y alemán. Este autor reside en EUA.

MUJERES

Eva o Safo, Carilda o la Gioconda,
me duermen en sus brazos, me iluminan
con la flor de sus bastiones y, me animan
a bailar junto al viento, la redonda
elipsis de sus cuerpos donde arde
la esencia capital de las mujeres
en las ascuas del horno de la tarde.
Storni o la Pizarnik, nada importa
si la miel del amor y sus deberes
en la plácida mortaja me conforta.

PLENILUNIO

La luna es hoy una pelota
para jugar sobre la cama.
acariciar su lado bueno,
el otro, lleno de fantasmas.

Hoy quiero ver la luna llena
toda feliz bajo la almohada
bebiendo mi copa en silencio
sin ese miedo a las arañas.

Cuando amanezca y, temblorosa
me pida el trago de la magia,
la invitaré a mi copa en verso
nacido al centro de mi alma.

Se marchará ebria de sueños,
equivocadamente casta.

RESIDUOS DEL SUEÑO

(Para ella en un día sombrío y lluvioso)

Por tus ojos hechos de la noche misma.
Por el mar bravío de tu cabellera.
Por el beso loco que en tu piel se abisma,
quisiera morir junto a tu cadera.

Poetisa del alba, recorren tus versos
la planicie astral, el pétalo exacto
de mis latitudes. En tus labios tersos
se aduerme callada la urgente tristeza
que acuchilla ciega el verbo de un pacto,
donde la distancia se inclina y bosteza.

ELIZABETH RAMOS A.
Chile

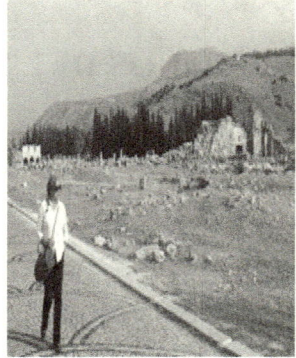

Orientadora Familiar, nacida en la ciudad de La Serena, Chile.

Su trayectoria literaria se encuentra plasmada en diversas antologías y libros de su autoría.

Algunos de sus trabajos literarios y publicaciones:

"Antología Los de la vuelta de la esquina", Antología 2004.

Antología Poética Brasil, Chile e Perú"" Brasil 2005.

 "Antología 3er.Encuentro Arte y Cultura" 2006.

"Antología 6to. Encuentro Internacional de Arte y Cultura" Melipilla, Chile. 2010.

Obra premiada en Córdova Argentina, "La Casa de Fiesta", 1er. Certamen Internacional de Poesía y Narrativa "Nuestra tradición"2012.

"Antología Mil Poemas a Vallejo" 2012.

 "Antología Del Valle de Elqui al Valle de Colchagua" Conversando sobre la vida y obra de Gabriela, año 2017

"Confidencias al Atardecer" M. Elizabeth Ramos A. 2017.

Presentación de trabajos literarios. 2018.

"Poemas a la Amazonía" Antología 2019.

"Antiguo Rayo de Sol" M. Elizabeth Ramos A. 2020.

"Mil Frases" Antología 2020

"Mujer" Antología 2020

AL SUR DE LA PASIÓN

Todos los versos...
enmudecían en su boca.
Mientras sus caricias,
enarbolaban banderas
en sus ojos color de alondras.
Todo pasaba por sigilos...
callados como sombra.
Sus besos fueron alas...
en el adiós del otoño,
en los ojos de la aurora.
Él sólo fue un sueño...
viajando por mi tiempo
entre suspiros y rosas.
Fue un fugaz destello...
de la noche desvelada,
de la lluvia sorda.

CONCHITA RECIO
Cuba

Escritora cubana, vive actualmente en Kentucky, USA.

ESA NOCHE... ESA DESCONOCIDA

Me sorprende esta desconocida que
ocupa mi cuerpo, que viste mi ropa,
y que poco a poco yo voy descubriendo.

Ella se comporta espontánea y libre
desde aquella noche colmada de estrellas,
en que conocí tu mágico mundo.

QUIERO SALVARME CONTIGO...

Ya conocí palmo a palmo el contorno de tu cuerpo, ahora quiero
descubrir
lo que hay detrás de tu muro de silencio...
Quiero descubrir esas tormentas internas que refleja tu mirada
cuando
sus rayos me queman como descargas eléctricas.
Quiero penetrar en la magnitud de tu oculto mundo interno...
Quiero iniciarme en tu mística... conocer a ese dios que llevas
dentro...
o quemarme en el fuego de tus ocultos infiernos...
Quiero salvarme contigo... o condenarme contigo...

MAGIA

Magia en la pereza de tus ojos y tus manos, al despuntar el día.
Magia en el encanto del café cotidiano.
Magia en los coloquios que espantaban el tedio del cansancio diario
al regresar a casa cada atardecer.
Magia en el mundo creado por tu cuerpo y tus labios, confinado
al pequeño espacio donde nos realizamos…
Magia en la protectora caricia de tus brazos, al despedirse el día,
y el sueño colocarnos sus alas, y volar…
¿A dónde te habrás ido con la magia especial que tanto extraño…
de tus ojos, tu cuerpo, tus labios y tus manos?

EL CUERPO... Y ALGO MÁS…

Cuando el amor se estrena y la pasión apremia, no hay mayor placer
que irnos conociendo en la piel desnuda…

Al pasar del tiempo el amor reclama una intimidad más allá del cuerpo,
que poco a poco se irá develando, apresando gestos, palabras, secretos
y sueños, que van más allá de una seductora imagen visual…

Cada nuevo paso de este sensual juego del descubrimiento, nos hará sentir
un mayor placer...
En este acertijo podemos adentrarnos en un fascinante y mágico mundo…
o seguir, atrevidas… hasta descubrir al dueño, del cuerpo que amamos
y que no nos quiso "desnudar el alma"…
Otra opción sería, renunciar al juego, cuando sospechemos que el ídolo
que nos ilusiona, pudiera tener tiene torvos "pies de barro"…

VANESSA RICHARD
Guatemala-USA

Maestra de educación media, participa en Mujeres
Poetas Internacional® y así mismo en diversos
espacios culturales y literarios. En la actualidad es
Representante de Editorial Hispana para el Estado
de Florida. Escribe artículos para revistas hispanas en Estados
Unidos. Sus libros publicados son:
Poesia: Poemas para el Alma Infantil
Cuentos y Relatos: "Febrero Bisiesto", (Ganador de
reconocimiento por el Congreso de USA).
"Tres Abejitas Traviesas"
Novelas: "La Búsqueda de una Escritora"
"Las Mujeres No Van Al Infierno".
Ha coordinado, dirigido y participado en varias antologías
poéticas, entre ellas se encuentran: "Proyecto Literario". Uniendo
Escritores para un Mundo Mejor. (2012); "Los Cuatro Gatos
Escriben" .La Musa de Nuestros Poetas. Diferente Letra. Misma
Inspiración" y "Bohemia Hispana. Antología Poética".
Reconocimientos:
-Premio Medalla de Oro por el libro "Febrero Bisiesto".
Premio "Poesía Infantil Hispana". Otorgado a nivel de educación
secundaria en la Escuela Normal "Adolfo Marroquín". Guatemala.
Mención honorífica en certámenes y clubes de lectura. Sus obras
pueden adquirirse a través de: editorialhispana01@gmail.com.

MÚSICA, BESOS Y SILENCIO

Cuando estoy a tu lado
el cielo es más azul
mi alma se torna un crisol
marino y me puedo ver
en el mar de tus ojos.

Vivo soñando en las
noches de octubre,
libres de luna,
colmados de estrellas.

Tu mano enredada en la mía
con fuerza sosteniendo el aliento.

En una alcoba de hotel.
Sé que tratas de recordar
pero tu memoria se esfuma
como el mar cuando hace espuma.
mis cartas fueron como
cartas de amor
hechas sobre la arena.
es que el agua es inmensa.

Es un río con luna,
testigo de la Gloria de Amor,
suspiros, sollozos, luz y sombra,
pasión, amor, ternura y locura…

LAURA RODA
Argentina

Laura Mónica Roda
Nació el 9 de enero de 1957 en Lanús,
provincia de Buenos Aires, Argentina.
Es miembro de distintos grupos
literarios Nacionales e Internacionales.
Galardonada :
"PREMIO INTERNACIONAL CÓNDOR MENDOCINO" 2018
en la Ciudad de San Rafael, Mendoza, Argentina.
"PREMIO NACIONAL E INTERNACIONAL OBELISCO DE
ORO" 2020
en la ciudad de Buenos Aires, Argentina
Tercer puesto en Poesía, JUEGOS BONAERENSES 2020 Lanús-
Bs. As- Argentina
Sus poemas se publican en la revista literaria Brave World
Magazine (India) 2020
Participó en festival de Perfopoesía (Valencia-España) 2020
Festival Antebus (Italia) 2020
Sarao ACADEMIA LUXO BRASILEIRA de ARTES e POESÍA
(Brasil) 2020
Es Bibliotecaria. Ha sido integrante de la Comisión Fundadora de
la "Biblioteca Popular del Tren" de la Estación de los Deseos en la
Playa de cargas de Caballito.
Actualmente es miembro de la Comisión Honoraria de Estudios
Históricos de la Municipalidad de Lanús.
Participa del Consejo Social Comunitario de la Universidad de
Lanús UNLa .
Es presidente de la Sociedad de Escritores Surbonaerenses (SES).
Con "NO PUEDO GRITAR TU NOMBRE" edita su primer libro
(2018)

CÁLLAME...

Cállame... que nadie escuche
los gemidos,
las palabras que te digo.
Cállame...
Con tu lengua de miel,
con tu boca lujuriosa.
Cállame...
Con tus besos por mi piel,
y tus manos recorriéndome.
Cállame...
Mi cuerpo te responde y
no puedo gritar tu nombre.
Cállame...
Voy amarte a escondidas,
en silencio y sin medida.
Cállame...
Aún queda tiempo
para vivir la vida.
Callame...
Y ven aquí.

ANGIE RUIZ
México

Mi nombre es Angélica María Ruíz Maldonado, soy mexicana, tamaulipeca de nacimiento, hidrocálida por adopción.

Escritora y poeta, he participado en diversos eventos a nivel nacional e internacional y colaborado en algunas revistas.

Me apasiona la poesía en sus diferentes subgéneros.

SI USTED SUPIERA...

Si usted supiera caballero, todo lo que me hace pensar
Si usted supiera que al sólo verlo mi imaginación empieza a volar.
Mi mente cochambrosa, imagina una y mil cosas difíciles de confesar
Como decirle que hasta lo he llegado a soñar y ha sido exquisito lo que en mis sueños con usted he podido disfrutar.
Mmm que delicia es poder recordar las veces que sin que usted lo sepa lo he podido acariciar.
Me da pena decirle que sin que usted se diera cuenta en mi cama lo he tenido y mis manos atrevidas con su cuerpo se han logrado deleitar.
Si usted supiera caballero todo lo que juntos hemos hecho, lo tendría que censurar.
He besado cada parte de su cuerpo, respirado de su aliento y embriagado con su néctar hasta juntos delirar.
Lo he tenido atrapado entre mis piernas bebiendo de mis mieles, provocando sensaciones que hasta el cielo me han hecho llegar.
Mmm si usted supiera...

TE PROPONGO

Te propongo... que esta noche hagamos algo indebido,
Déjame seducirte y provocar tus suspiros,
Déjame susurrarte dulcemente al oído
Déjame provocarte lo que jamás has sentido.

Hoy quiero acariciar cada parte de tu cuerpo,
Pero antes de quitarte la ropa te despojaré de tus miedos,
Te guiaré con mis caricias hasta que toques el cielo.

Te propongo... que esta noche hagamos el amor sin recato,
Que puedas sentir en mis brazos la ternura que te ha faltado,
No importa si estoy contigo una vida o sólo es un corto rato;
Quiero que sientas que has encontrado en mí, lo que siempre
habías buscado.

En mis labios probarás las delicias de mi veneno,
Que será como potente droga que beberás en mis besos.

Te propongo... entregarnos con toda nuestra pasión contenida,
Que me hagas arder en tu infierno y desatar tu lujuria,
Te entregaré mis ansias, mis ganas de amar y mi dulzura,
Y entre sudor, jadeos y besos, quiero que me hagas tuya.

Quiero ser para ti, como tu más ansiado regalo,
Quiero ser la mujer que tú siempre habías deseado,
Que mi aroma te embriague y que en tu piel quede tatuado,
Que por más que tú quieras, jamás puedas borrarlo.

Te propongo... ser tuya y tú mi dulce dueño.

DÍGAME... ¿POR QUÉ?

¿Quién es usted?
¿Por qué se atreve a inquietarme?
Dígame, ¿por qué
me hace temblar sin tocarme?

¿Por qué lo sueño cada noche
y lo necesito en mi cama?
¿Por qué es usted
el que alborota mis ganas?

Dígame, ¿qué fue lo que me hizo?
¿Acaso fue algún hechizo?
¿Por qué es que al verlo yo no resisto
y mi temperatura se eleva y me ruborizo?

¿Por qué no lo puedo apartar de mi mente?
¿Por qué muero por besarlo?
¿Por qué cuándo usted se hace presente
Hasta imagino acariciarlo?

Dígame ya, ¿qué me está pasando?
¿Por qué me enamoré de usted?
¿Por qué lo estoy deseando?
Dígame, quiero entender

¿Por qué imagino sus manos
y se me eriza la piel?
¿Por qué altera mis sentidos
si no lo puedo tener?

Dígame, ¿por qué?
A mi lado usted no está
Dígame, ¿por qué?
Mi paz vino a perturbar

¿Por qué con su dulzura
me vino a conquistar?
¿Por qué pierdo la cordura
y lo deseo desnudar?

¿Por qué lo imagino
susurrándome al oído
palabras que no me han dicho
y que me provocan delirio?

Por favor, ya no me haga sufrir
que no soportaré más
Necesito que me haga sentir
hasta saciar mis ganas de amar.

BERNABÉ VALLEJO OLVERA

PSEUDÓNIMO:
Lancero del Tiempo

Nace en Paso del Macho, en Octubre 8 de 1963 en el centro de Veracruz pero es papanteco, por decisión y adopción propia.

Comunicólogo desde hace 34 años, ha sido docente, funcionario público y organizador de diversos eventos sociales y culturales.

Actualmente, es Presidente de la ANP SEDE PAPANTLA, ha participado y ha logrado importantes lugares en diversos eventos literarios, como: 1er. Lugar en Concursa con Tu Musa (1993), Canción del Petróleo (1997), Premio de Poesía del Bicentenario 2010 así como otros reconocimientos.

Ha participado en el Tercer Encuentro Internacional de Poesía en Tlaxcala 2019.

En diversos Coloquios Internacionales de Poesía en este año 2020.

Cuenta con diversos diplomados por parte de la CEAPP, Cruz Roja, PEMEX, SEMAR e instituciones gubernamentales.

Ha recibido, diversos reconocimientos por su larga actividad periodística así como por divulgar la cultura y tradiciones de nuestros pueblos originarios.

Participando en diversas antologías tanto digitales como impresas.

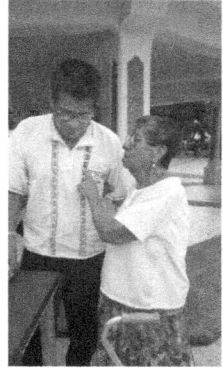

AMOR, MI COPA ESTÁ VACÍA...

Recordando tu murmullo de campo,
muriendo en tus brazos sofocantes,
sintiendo, derretir mi frío;
al cerrar con tus besos, mi boca...

En tus besos, simplemente en tus besos...

Jugando en un abrazo,
las suertes de gitano errante,
calma mis agitados vientos,
aquietado las aguas en El Edén...

Las olas, son tu timón y yo, tu barca;
llévame a tu amor,
en silenciosa calma...

Escucha, el susurro del viento,
siente el Vaivén de las hojas,
acuérdate del mensaje,
escrito en las nubes...

Seré el peregrino en tu caminar,
amor, mi copa está vacía;
llévala al cénit en el deseo,
cáliz; fraguado en la forja del herrero,
viento del aliento del ciervo...

Quedando, sumidos en la arena,
huellas marcadas en cal,
viendo la luz en tu rostro,
no, dudaré; ni un segundo...

Esculpiendo en cada centímetro en tu cuerpo,
refugiarme en el embrujo de tu cuello,
acariciaré; tú rostro bañado en perlas...

Cabalgando en tus sombríos deseos,
escapando, sin tener que volver,
estando al primer grito,
como el marinero a su puerto...

Exclamando a los cuatro vientos,
has roto mis cadenas,
de la bruma en el último invierno...

¿A qué, sabe tú piel?...

Eres la caja de sándalo,
encerrada en aromas,
traídas desde el Oriente..

Cruzando los mares oscuros,
esencias del amor encrucijado...

Sabes a canela encendida,
con sueños en pétalos de rosas...

Recorridos de primavera,
sabores de esencias,
secretos de amor, escondidos...

Sabes a la primera lluvia de un ardiente Verano,
gota a gota...

Ansiada por el sol, derritiendo el ardiente desierto...

A qué, sabe tu piel?,

Frescura recorriendo en una tarde de Otoño,
calma del viento en alborada..

Sueños bordados con estrellas,
constelaciones del deseo...

Maderas preciosas son tus formas,
arrancadas de la selva lujuriosa...

Arrebato del ángel del olvido,

amor alguna vez, escondido...

Abriendo todos mis sentidos,
sabor alucinantes tus labios...

Tus ojos, alumbrando mis ansiados pasos,
caminos abiertos, tus amados brazos...

Aromas, robados del Invierno,
calor del leño encendido,
son tú piel,
en mis manos...

DINER UMANZOR
Nicaragua

Escritor y ensayista.
Sus obras se encuentran publicadas en diversas redes sociales y su obra poética destaca en los medios impresos.

AMARTE

Quiero amarte,
quiero amarte el alma,
quiero tenerte,
quiero poseer tu cuerpo
y que continúe siendo tuyo,
quiero acariciar tu piel desnuda
como si cada parte de tu cuerpo
fuese un pétalo de una flor,
frágil, con aroma a pasión,
con la belleza que contemplan mis deseos.

Quiero ver igual tu cuerpo cubierto de ropa,
valorarte por tu forma de ser,
por la mujer que te determinas ser,
quiero enamorarme de lo esencial de ti,
quiero que seas en complemento
la mujer más grandiosa,
quiero admirarte hecha un desastre
y siendo una diosa.

Quiero que de tu amor
y el mío no haya duda,
quiero besar tus labios muchas veces más
para endulzarme con la miel que en ellos me das.

Quisiera amarte mil años
y si la vida no acabara,
la deseara vivir igual contigo mil veces más
y amarte así en mi eternidad.

JESÚS ZARAZUA
México

San José Iturbide, Guanajuato. México. 1978.

Profesor y escritor, ha publicado en diversos periódicos, revistas, ha participado en diversas antologías de cuento y poesía, es promotor de la lectura, ha realizado varias antologías con niños, adolescentes y adultos, participa de manera constante en festivales de lectura en escuelas con "Cuentos para cantar como niños" cuyas canciones son de su autoría, lo hace sin costo alguno o en ocasiones cubriendo el desplazamiento.

Participa activamente en los Proyectos

• Coordina el taller de literatura de la Casa de la Cultura de San José Iturbide, es el coordinador de las publicaciones derivadas de este.

• En Casa de la Cultura de San José Iturbide, desarrolla el proyecto "Nuestra Historia" mini documentales para Facebook, de entrevistas sobre personajes, lugares e historia de San José Iturbide.

• De manera independiente ha realizado los mini documentales "Conocer" tradiciones de la región en youtube y entrevistas en La Nave de Papel, entrevistas con personas que hacen arte.

• Poderart. Promoción de los artistas locales, participando mensualmente en su revista y en las antologías que se realizan.

Ha publicado desde el año 2000 en diversos medios de la república mexicana y a nivel internacional.

JUNTOS

Las fisuras de mi carne y las de mi pensamiento
me han hecho un suicida, la luz se apaga
y luego suceden esas cosas donde al final
tú y yo explotamos para ser la suma total.
No queda más que navegar en tu memoria
y fusionar las cuatro piernas
mientras las palabras nacen de azúcar
muerdo tus labios y encuentro lo dulce
y las tardes son largas, el sol se resiste a ser
devorado por la noche.

El alma desvanece llorando mientras el ladrón
negro abre sus brazos, solo así se traspasa el metal
y la luz puntiaguda se convierte en sentimiento
la espuma rompe los árboles y yo camino, muestro mis
pasos y subo a la nave de papel, cantando, pulverizando
la telaraña que no deja que mi corazón siga latiendo.

Los fantasmas despiertan, atacan, corren sobre estas calles
y atraviesan cada cable de luz, se apoderan de los dos
mientras te arranco la piel, las palabras de azúcar
revolotean entre el tiempo y las olas de incienso
que se rompen al chocar con la primavera de tus ojos.

Los caballos mecánicos buscan en tus piernas
el aceite que los mueve, yo te busco a ti
las abejas huelen a cerveza y las estrellas
no se han dejado ver, tal vez necesitan
de tu olor a rosa virgen o quizá requieren
de tus pasos buscando algo en la cocina del amanecer.
Tal vez sólo necesitan dejar escurrir por estos

pasillos sin salida y encontrar tus labios para morderlos
sentir tu respiración cabalgando lejos y encontrarme
con la suavidad de tus manos en cada día de la realidad
para perderme entre las fantasías de tu espalda.

Hoy divago mientras hurgo en las latas del horizonte
Un sueño, solo uno
Tú, quién sabe dónde, pero yo me descubro
condenado a soñar y a saber que solo es un sueño
mientras el agua hierve de viejas historias
con calles desiertas, de selvas que no son nada
mientras estas hormigas han hecho de tus vertebras
su camino y yo, como siempre, en sentido contrario
dejando llevar por el aire de un ventilador hasta tu cama
mientras dibujo en las sabanas con garabatos tus senos.

Todo parece lejano, tu sonrisa, tu ansia tu transparencia
yo muestro que te quiero mientras navego por tus ojos
mi ancla se aferra a tu fondo, y en eso, he dicho cien veces
tu nombre, tan solo para olvidarte, verte, tenerte, desearte
como dos mantos por la noche tapando la luna y soñando
con ella, quizá solo es tiempo o destino, mientras tú te das cuenta
de mi nombre, quizá ni lo sabes, pero aferrado a tu mirada
repito el tuyo, hasta que me duele la cabeza, qué será de este
pasado que sueña con ser presente, qué será de esta voz
que te habla, te gime y te nombra como si camináramos
por la misma vereda mientras tus labios recorren mi espalda
la muerden, la besan, yo solo sueño conque digas mi nombre.

De los hilos de mi corazón se columpia una mariposa
sus alas son tus dedos que se enredan en pelo
tus colores son mis palabras que te ruegan,
suplican te quedes aquí que ya no te vayas
de mi cama nunca jamás porque aquí

todo es desolación sin el brillo de tus ojos
o sin tu sonrisa. Mis pies se vuelven frágiles
ante el rose de los tuyos y a los susurros
que gritan que juntos somos un huracán.

CONTENIDO

Créditos de Fotografías y portada

-Vanessa Richard

-www.editorialhispana.com

GRACIAS A NUESTRO AUSPICIADOR:

EDITORIAL HISPANA

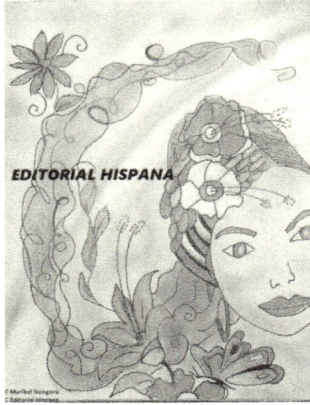

Made in the USA
Las Vegas, NV
06 February 2022